Índice

Hay un tintín en mi oído 3

Glosario fotográfico 15

Índice analítico 16

Sobre la autora 16

Rourke Educational Media

A Division of Carson Dellosa Education

rourkeeducationalmedia.com

¿Puedes encontrar estas palabras?

cerebro

oír

sonidos

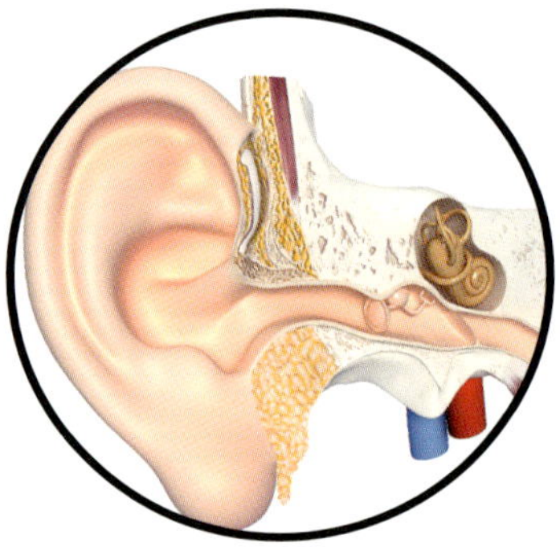

tímpano

Hay un tintín en mi oído

Mis oídos me sirven para **oír.**

Tengo dos oídos.

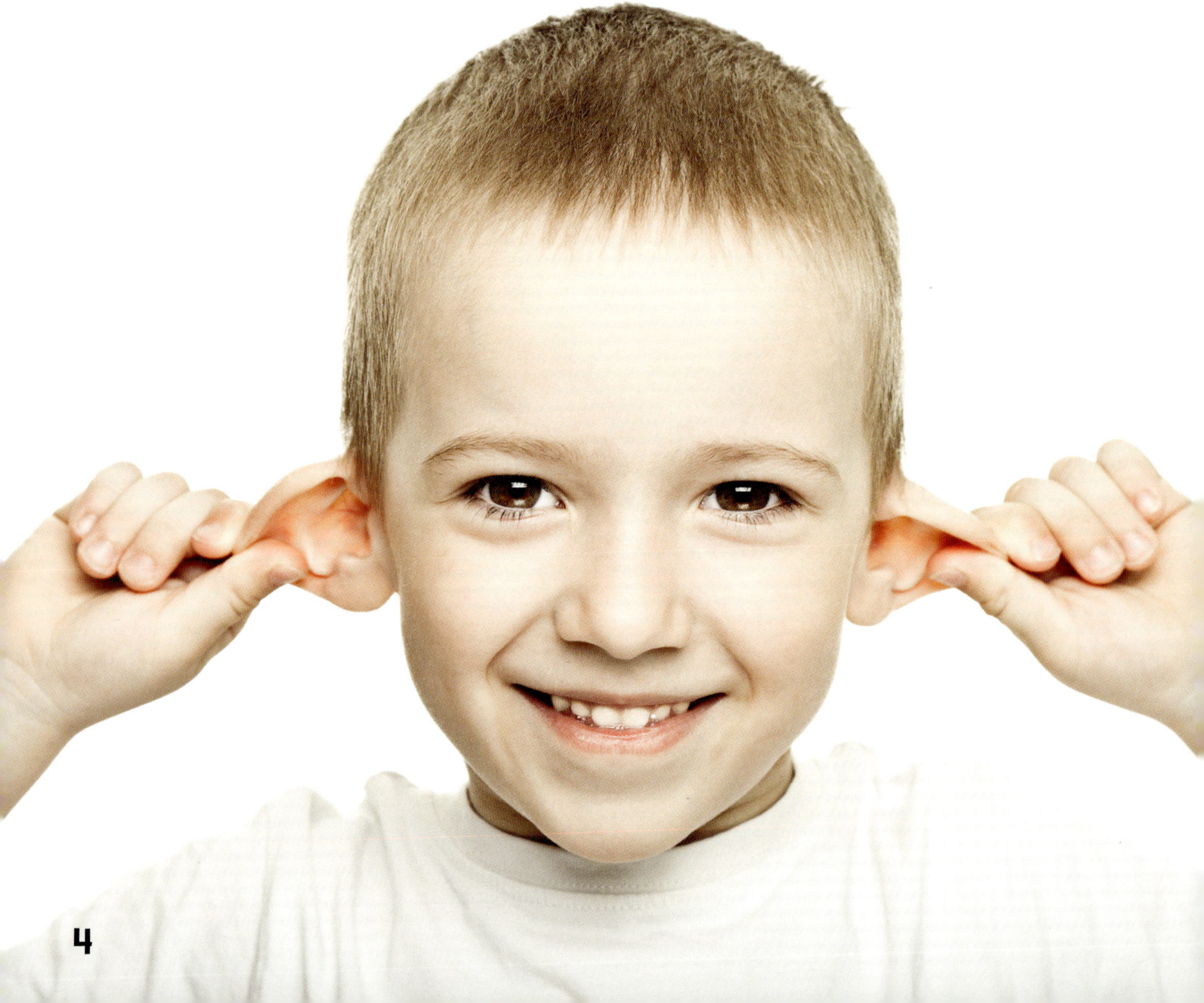

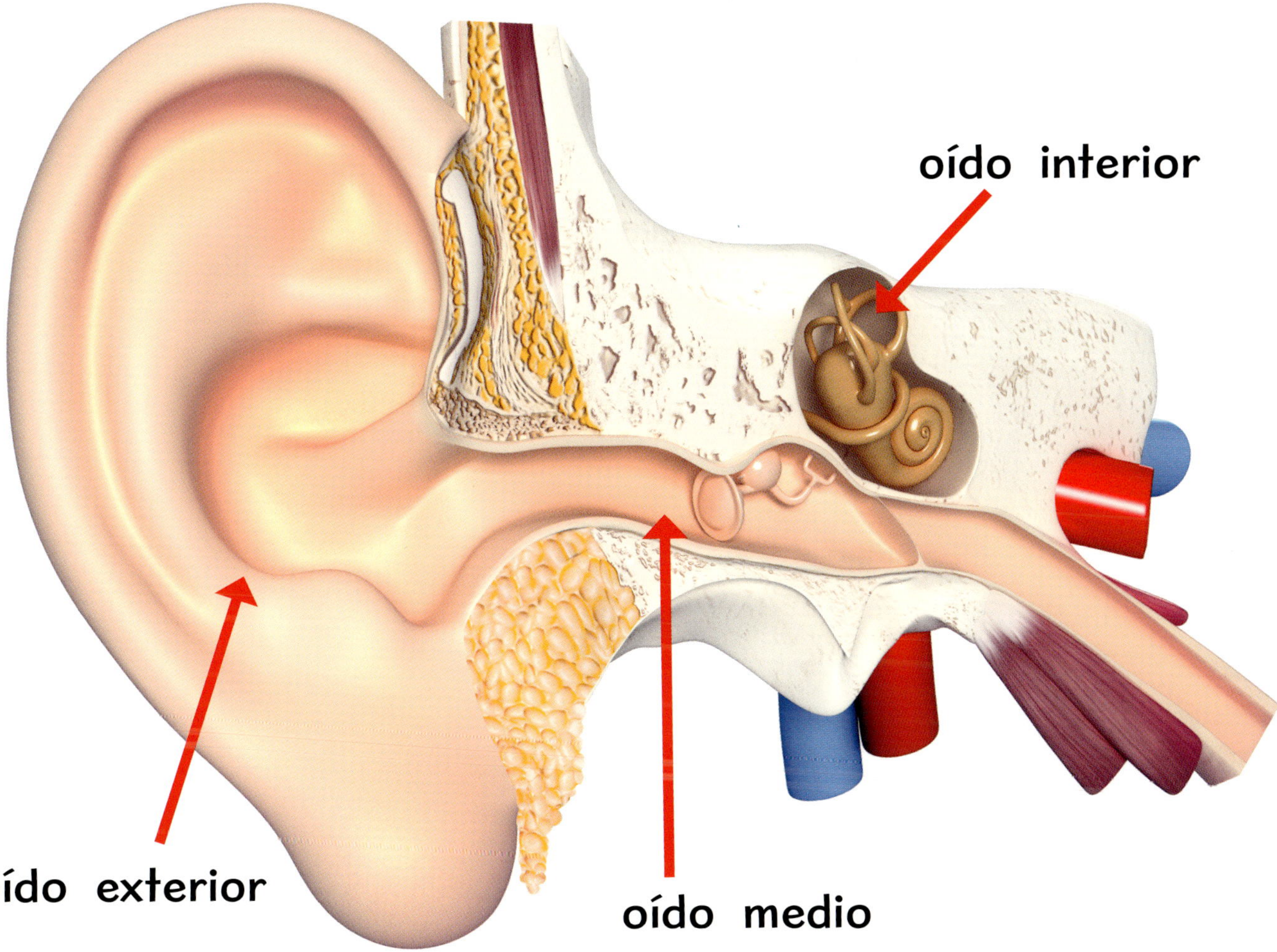

Cada oído tiene tres partes.

Mi oído exterior capta los **sonidos.**

sonidos

Mi oído medio mueve los sonidos

El **tímpano** está en mi oído medio.

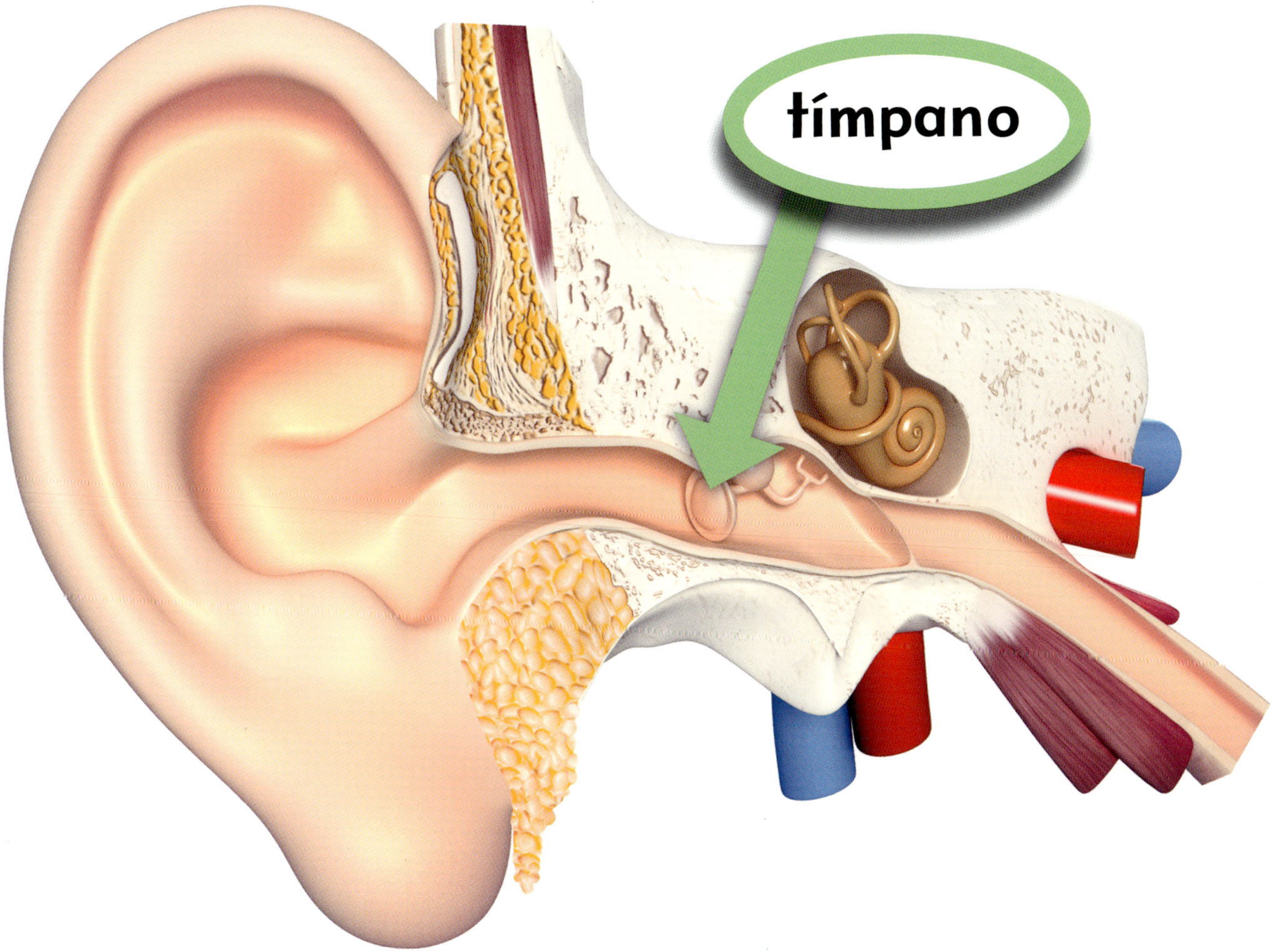

Mi oído interior envía sonidos a mi **cerebro.**

Mi cerebro da sentido a los sonidos.

Mis oídos me ayudan a oír.

Oír me ayuda a aprender.

¿Encontraste estas palabras?

Mi oído interior envía sonidos a mi **cerebro.**

Mis oídos me sirven para **oír.**

Mi oído exterior capta los **sonidos.**

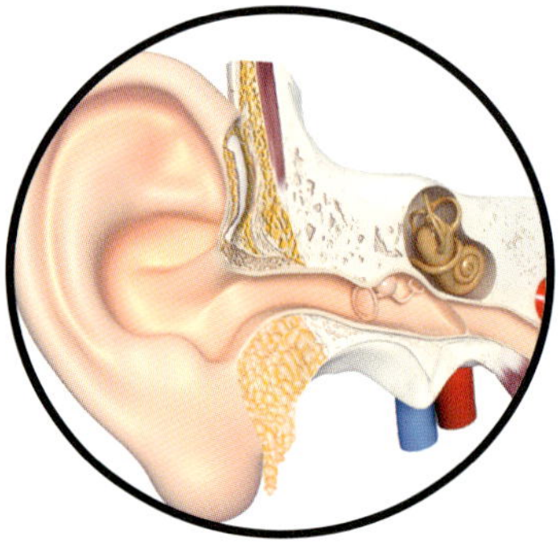

El **tímpano** está en mi oído medio.

Glosario fotográfico

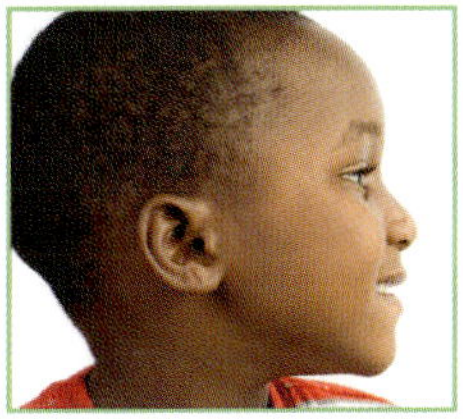

cerebro: el órgano dentro de la cabeza de una persona que controla las actividades del cuerpo.

oír: escuchar sonidos.

sonidos: ruidos o cosas que oyes.

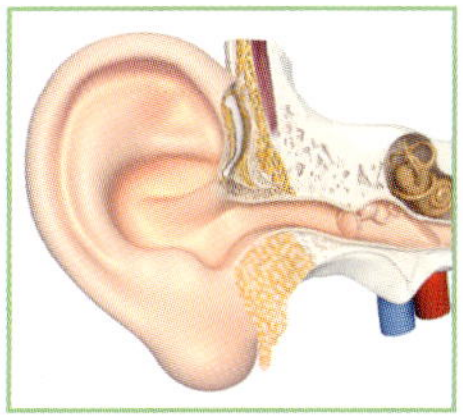

tímpano: pedazo delgado de piel dentro de la oreja que vibra cuando un sonido hace contacto con él.

Índice analítico

cerebro: 10, 11
oído exterior: 5, 6
oído interior: 5, 10
oído medio: 5, 8, 9
oír: 3, 12, 13
tímpano: 9

Sobre la autora

Michelle García Andersen fue maestra durante varios años. Le encantaba enseñar a los niños a leer. Ahora le encanta escribir libros para que los niños lean. Algunas de las cosas que a Michelle le gusta oír más son los niños que se ríen, juegan y leen en voz alta.

www.rourkeeducationalmedia.com

PHOTO CREDITS: Cover ©ia_64, © xxmmxx, Page 2,3,14,15 ©twinsterphoto, Page 4 ©Ilya Andriyanov, Page 2,5,9,14,15 ©pixologicstudio, Page 2,6,7,14,15 ©Brian Jackson, Page 8 ©ferrantraite, Page 2,10,14,15 ©hartcreations, Page 11 ©Wavebreakmedia, Page 12 ©FatCamera, Page 13 ©karelnoppe

Edición: Keli Sipperley
Diseño de la tapa e interior: Kathy Walsh
Traducción: Santiago Ochoa
Edición en español: Base Tres

Library of Congress PCN Data
Hay un tintín en mi oído / Michelle Garcia Andersen
(Yo sé)
ISBN (hard cover - spanish)(alk. paper) 978-1-73160-482-8
ISBN (soft cover - spanish) 978-1-73160-494-1
ISBN (e-Book - spanish) 978-1-73160-487-3
ISBN (e-Pub - spanish) 978-1-73160-701-0
ISBN (hard cover - english)(alk. paper) 978-1-64156-201-0
ISBN (soft cover - english) 978-1-64156-257-7
ISBN (e-Book - english) 978-1-64156-306-2
Library of Congress Control Number: 2018967491

Printed in the United States of America, North Mankato, Minnesota